Frederik To Gaste

La vérité sur les meurtres
RITUELS JUIFS

Remarque du traducteur

En 2007 dans son livre *Pasque di sangue, Ebrei d'Europa e omicidi rituali* (Pâques de sang, juifs d'Europe et meurtres rituels), le Prof. Ariel Toaff, fils du Grand Rabbin de Rome a admis que les juifs ashkénazes étaient capables du fait. En février 2008, sous la pression des institutions faîtières juives, appuyées par de liges et lâches *« professeurs d'histoire »*, Ariel Toaff, dans une nouvelle version de son ouvrage, fut contraint à d'affligeantes palinodies (sérieuses mises en doute, occultation de faits judiciairement avérés) et de conclure que *« l'homicide rituel est et demeure un stéréotype relevant de la calomnie »*.

Est-il besoin de préciser que l'édition de 2007 fut promptement retirée de la vente ?

Y a-t-il plus bel exemple de négationnisme ?

Traduction des Editions *« Etudes aryennes »*
Droits de reproduction et de traduction réservés © 2018

Exegi monumentum ære perennius
Un Serviteur Inutile, parmi les autres

20 octobre 2018

Don du Noble Inconnu (qu'il en soit remercié)

Mise en page
LENCULUS v

Pour la Librairie Excommuniée Numérique des CUrieux de Lire les USuels
Toutes les recensions numériques de LENCULUS *sont gratuite*

« *Si le bœuf d'un juif heurte (pousse) le bœuf d'un étranger, le juif sera libre ; mais si le bœuf d'un étranger fait du mal au bœuf d'un juif, l'étranger sera obligé de restituer au juif tout le dommage ; car dit -l'Écriture : Dieu a mesuré la terre, et il a livré les goïm aux juifs.* ».

PRÉFACE

C'est pour répondre au désir d'une grande partie de la population que le présent opuscule entreprend, en toute concision, de tirer de l'obscurité les crimes les plus abominables ayant jamais été commis sur des êtres humains, crimes connus sous l'appellation de « meurtres rituels ».

Ce n'est pas une mince affaire, compte tenu de l'énorme documentation à compiler et à scruter, que de reconstituer le parcours sanglant des crimes juifs à travers les siècles jusqu'à nous afin de faire éclater la vérité au grand jour.

Comme un vampire fermement accroché à la carotide des peuples hôtes, tout à son œuvre d'exsanguination, le juif a toujours été le fléau de l'humanité. Au cours de son existence parasitaire, une aspiration fondamentale a dicté sa conduite : flétrir la vitalité des peuples jusqu'à les paralyser, tandis qu'il convoitait l'hégémonie d'un monde réduit par lui en esclavage, non sans avoir procédé à une soigneuse pesée d'intérêts et de conséquences. Qu'il n'y soit pas encore parvenu revient en grande partie à son essence même ; car, de nature, de naissance, le juif est prédisposé au crime qui le consume en tant qu'hôte impromptu, figure en marge de l'humanité dans son avidité de parasite. Destructif dans l'épanouissement de ses forces, le juif promeut compulsivement sa quête de nuisance dominatrice, devant constamment faire face à la contre-offensive des peuples menacés de ses coupables assiduités. En revanche, là où un juif est parvenu à brider un peuple, il en est toujours résulté une fatale décomposition.

Contrairement aux autres peuples enracinés dans leurs terres dont ils ressentent l'emprise et où ils ont laissé s'épanouir leur nature et leur race, le juif est resté un être vagabond, agité et versatile : un étranger parmi les étrangers. Inapte à l'assimilation, il vit avec une haine fanatique à l'égard du non-juif de tout ce qui ne relève pas des mœurs et usages transmis, autant de commandements de sa religion. Jéhovah, le Dieu de la vengeance, exige de ses enfants un sacrifice pour la réconciliation entre eux et lui : le prix du sang ; ainsi, tout comme son Dieu, cruel et sans scrupules, voilà le juif !

L'on comprend pourquoi le sacrifice du sang joue un rôle si important dans le rite juif : il a force de purification ; il libère le juif officiant de ses péchés et le fait apparaître agréable aux yeux de son Dieu sanguinaire chaque fois qu'il s'agit du sang d'un de ses ennemis. Or, est ennemi de Jéhovah tout non-juif ; par conséquent, le sacrifice du sang de celui-ci est, pour le juif, la suprême ordonnance.

Il serait oiseux de s'aventurer dans une querelle attisée par les juifs portant sur les meurtres rituels ; car, bien que les juifs démentent cette pratique comme telle, il subsiste cependant le rite incontesté du sacrifice du sang qui, à lui seul déjà, rend plausible le fait du meurtre rituel. Pour le juif, ces sacrifices ne peuvent passer pour des meurtres, d'autant qu'il s'agit des Goyim abhorrés de son Dieu Jahwe (Jéhovah), pour qui ils ne sont que des animaux.

Avec quelle cruauté le rituel juif accomplit la lente exsanguination de ses humaines victimes, voilà qui est présenté en quelques chapitres résumés dans cet opuscule par des exemples particuliers de meurtres rituels imputables aux juifs et irréfutablement prouvés, dont le nombre avoisine le millier.

Il n'a pas toujours été possible de faire toute la lumière en ces mystérieuses ténèbres qui entourent les meurtres rituels. Du reste, un chapitre y sera consacré, où l'on appréciera les moyens et le raffinement déployés par la juiverie internationale pour nier les lourdes accusations de sacrifices rituels, sans pouvoir toutefois nier le fait en tant que tel.

Sa profonde motivation, le sacrifice présenté au Dieu juif la trouve dans la haine déjà mentionnée que conçoit le juif à l'égard du non-juif : éliminer le Goy doit résonner chez le juif comme une perpétuelle exhortation.

Nulle part la juiverie n'a trouvé meilleure occasion de s'illustrer que dans les combats politiques, et, où elle a réussi à pousser les peuples à bout, c'est dans un impavide et impitoyable recours au meurtre comme moyen de combat politique.

Il est révélateur de constater, et les combats politiques, en particulier ceux de ces dernières années, le prouvent sans conteste, que le juif est partout compromis là où la vie humaine ne joue aucun rôle sur les champs de bataille politiques.

L'exemple le plus repoussant nous est ici donné par l'Union soviétique, où l'élimination des hommes est menée de manière systématique, comme seul un cerveau juif peut le concevoir dans ses fanatiques conséquences ; et c'est bouleversé que le monde apprit l'existence des vastes champs de cadavres, de ces tragiques exécutions sommaires d'une balle dans la nuque, dont les victimes de la terreur juive se chiffrent par millions : inconcevable, inimaginable, le destin de ce peuple, harcelé, torturé, et ce n'est pourtant qu'une phase expérimentale de ce que les juifs méditent envers tous les peuples qui tombent dans leurs griffes et endurent leur hégémonie : l'élimination totale ! Voilà l'avenir : l'anéantissement de tous les non-juifs, acte régulièrement symbolisé par le meurtre rituel.

Ce qu'à travers les siècles la juiverie a fomenté, dans son travail de taupe, elle l'achèvera maintenant dans cette guerre qui sera la sienne ; elle considère comme un devoir historique de réduire les peuples en esclavage sous son hégémonie mondiale : le règne de Juda ! L'alliance que le juif a créée entre le judaïsme, la ploutocratie et le bolchevisme, il la considère comme le couronnement de ses efforts pluriséculaires ; en ce funeste syncrétisme, sous les insignes « or et sang », le judaïsme célèbre son triomphe suprême, le triomphe de voir présider Jahwe à la fête de Pourim, la plus sanglante de tous les temps !

Pourquoi les juifs commettent-ils le meurtre rituel ?

Pour quiconque se penche sur un chapitre des plus effroyables de l'histoire de l'humanité, se pose en premier lieu la question : pourquoi le juif commettait-il ces meurtres depuis les premiers temps de l'histoire de son peuple et pourquoi poursuivit-il cette pulsion criminelle en dépit de peines pourtant dissuasives avec lesquelles tous les peuples civilisés ont subi ces épouvantables meurtres jusqu'en des temps tout proches ?

La réponse nous apparaît dans toute sa clarté si l'on projette son regard dans l'histoire du peuple juif, si l'on apprend à connaître les lois qui, pour les juifs, avaient et ont toujours valeur inconditionnelle et si l'on prend en compte les propriétés caractérielles de cette race sémitique.

Que des meurtres rituels juifs aient existé dans tous les siècles, voilà qui est un fait patent défiant toutes les techniques manipulatoires juives du monde relevant du démenti. Dans de nombreux procès pénaux fut apportée la preuve irréfutable de ces meurtres ; nombre d'experts judiciaires ont prouvé leur bien-fondé de manière définitivement résolutive. Que les juifs, avec leurs authentiques « preuves » talmudiques aient sans cesse tenté de démentir les crimes monstrueux, sur lesquels nous reviendrons, commis par leurs congénères et de les faire passer pour un phantasme relevant de la haine antijuive fanatique, peut se comprendre : tout criminel d'habitude nie ses forfaits avec la dernière énergie, même s'il a été confondu. Du reste, au vu de ces tentatives juives de manipulation, les accusations précises, jusque dans les plus petits détails, de juifs baptisés, contre leurs propres congénères, pèsent d'autant plus lourd.

Nous traiterons aussi plus loin de ce sujet.

Mais pourquoi donc se pose la question, lors de l'examen du matériau accusatoire aussi irréfutable qu'effroyable, de la commission des crimes rituels par le juif et que faut-il entendre, somme toute, par « crime rituel » ? « *Ritus* » est le mot latin pour « coutume religieuse sacrée ». Le meurtre rituel est donc un meurtre commis en conformité avec ces usages. Ainsi, quand les juifs, dans de très nombreux cas, se sont rendus coupables de crimes rituels, la religion juive, avec ses recueils de lois, se doit non seulement d'approuver le meurtre de non-juifs, mais bien plus, de le prescrire. Voilà la réalité !

Le sang joue un rôle déterminant dans le rite juif, comme nous allons le voir. C'est dans leur quête de sang, destiné à honorer les cérémonies religieuses prescrites par la loi juive, que les juifs commirent en secret leurs effroyables meurtres sur des croyants d'autres confessions. Du fait de la ruse, de la sournoiserie, et de l'hypocrisie, attributs perpétuels et distinctifs des juifs, il est loisible d'assumer que la grande majorité (de nombreux milliers) de crimes rituels n'ont jamais été mis à jour ; toutefois le grand nombre de cas objectivement prouvés est plus que suffisant pour faire tomber une sentence de condamnation sur les juifs et leurs crimes inconciliables avec un statut d'être humain.

Dans l'optique juive et selon la loi juive, de très rigoureuse observance, le non-juif est un animal dont le juif peut user et mésuser à sa guise, donc torturer et tuer, tel que le dicte la cruauté satanique de sa race. Toute époque de l'histoire juive révèle son content de sacrifices humains : l'Ancien Testament est éloquent à cet égard.

L'avidité fascinatoire du sang est une constante congénitale chez le juif ; et il est caractéristique que Moïse, dans ses cinq livres, doive si souvent et si vigoureusement s'en prendre à la jouissance sanguinaire de ses congénères. C'est déjà en cette tare que réside une preuve apodictique de la vaste propagation des épouvantables mœurs juives : celle de jouir du sang humain. Ainsi, mentionnons, tout en nous limitant qu'à un seul exemple, dans le troisième livre de Moïse (1), le chapitre VII, verset 27 : « *Toute âme qui consommera d'un sang quelconque devra être retranchée de son peuple* (2) ». Que le peuple d'Israël passe outre à ce commandement et à d'autres semblables, démontre le fait que l'interdit de la jouissance du sang fut réitéré plus tard et à mainte reprise. Ainsi parle le prophète Zacharie (chap. IX, vers. 15) : « *... Ils boiront le sang de leurs ennemis dont il s'enivreront, comme du vin...* ». L'historien juif Flavius Josèphe, pourtant témoin peu suspect de partialité aveugle, rapporte, entre autres, dans son ouvrage « *la guerre des juifs* » : « *Ils* (les juifs) *s'abreuvèrent du sang de leurs compatriotes...* » ; et l'historien romain Dion Cassius de relever le fait suivant, particulièrement sordide : « *Les juifs habitant dans les environs de Cyrène... se précipitèrent sur les Grecs et les Romains, les étranglèrent, se repurent de leur chair, ceignirent leur tête de leurs entrailles, s'enduisirent de leur sang et se vêtirent de leur peau* ».

L'observation respectueuse de la loi mosaïque par les juifs, qui avait au moins tenté de prévenir cette

---

1. NDT : *Lévitique*
2. NDT : donc tuée

addiction hématophage morbide, fut bientôt dissoute par de nouveaux enseignements mis sur pied par des rabbins par adultération de l'ancienne législation. C'est ainsi qu'au cours des siècles naquit le Talmud rabbinique, code de lois juives encore valable aujourd'hui. Notons en passant qu'il est parfaitement indifférent qu'un juif se fasse baptiser ou non, qu'il vive dans un ghetto repoussant ou qu'il amasse des millions en Amérique ou en Angleterre. Il ne peut quitter son cuir ; il reste rivé à son mode de pensée juive, bref, il demeure un juif ; partant, un ennemi de l'humanité. Le Talmud(3), c'est aussi l'enseignement ou la formation ; et si nous voulons nous faire une représentation de l'essence du judaïsme dans les temps récents, de ses lois, de ses mœurs, de sa morale ou, mieux, de son absence de morale, alors le Talmud en est bien la source essentielle. Le Talmud, ouvrage d'une ampleur démesurée qui, au cours du temps a connu toutes sortes de modifications et de compléments, dégouline de haine contre le christianisme. Il est caractéristique que, dans les éditions du Talmud apparues au cours des deux derniers siècles, il existe des passages non imprimés ; or, si l'on compare les éditions modernes avec les anciennes, on ne tarde pas à s'apercevoir que les passages manquants correspondent aux pires offenses contre le christianisme. En 1631 déjà, l'influent synode juif polonais avertit sa communauté d'abandonner ces passages par souci de camouflage. Dans cet écrit du plus haut intérêt qui, par bonheur, nous est resté, il est dit, entre autres :

« ... Pour ces motifs, nous vous enjoignons, au cas où vous envisagerez de nouvelles éditions de ces livres, de laisser en blanc les passages où il est fait mention de Jésus de Nazareth, et, à la place, de faire un cercle

---

3. NDT : « *étude* » en hébreu.

comme celui-ci : O. En conséquence, tout rabbin, de même que tout autre enseignant, devra être instruit sur la signification de l'espace manquant, sur ce qui y figurait autrefois, et de transmettre ce message oralement à ses élèves. Par ce moyen nous nous prémunirons contre les érudits chrétiens qui ne pourront plus alors nous faire n'importe quel reproche à cet égard ; et nous pourrons nous abandonner à l'espoir qu'à l'avenir il ne nous soit plus fait tant de tracas, mais qu'on nous laisse vivre en paix. »

Parallèlement et après le Talmud parut le *Schulchan Aruch*, enseignement sur les mœurs et la foi juives, ouvrage non moins important pour les juifs. Son auteur, le rabbin Joseph Qaro, vécut en Palestine au 16ᵉ siècle et rassembla, pendant ses années de travail, lois et prescriptions du judaïsme confortées dans leur validité. Ce code juridique, essentiellement adapté pour les juifs orientaux, trouva son complément pour les Juifs européens par l'intermédiaire du rabbin de Cracovie Moïse Isserle, dont les ajouts et les rectifications au *Schulchan Aruch* jouissent aujourd'hui encore d'une haute considération. Les tentatives des juifs consistant à décrire, selon les besoins, des ordonnances particulières du *Schulchan Aruch*, ne changent rien si elles ne sont pas contraignantes.

Des quatre parties du *Schulchan Aruch*, la quatrième, le *Choschan ha-mischpat*, contient celle destinée aux juifs, comme celle destinée à ceux qui veulent apprendre à connaître les juifs : il s'agit des lois secrètes décrivant comment les juifs doivent se comporter à l'égard des non-juifs. Evidemment, les juifs se sont donné la peine de tenir loin du public ces lois qui les accablent lourdement ; ainsi, déjà dans le Talmud, il est dit : *« Communiquer à un non-juif tout ou partie de notre code religieux revient à tuer tous les juifs ; car si les non-juifs savaient ce que nous enseignons contre eux, ils nous battraient à mort »* ; et, à un autre endroit du texte : « *Un non-juif qui étudie le Talmud, ou un juif qui enseigne le Talmud à un non-juif, doit être puni de mort* ».

Les juifs avaient tout motif de soustraire à des yeux étrangers les arcanes de leur législation, car les prescriptions incluses dans leurs codes de lois, pour ce qui relève de leur comportement à l'égard des non-juifs, sont fort peu soucieuses d'éveiller des dispositions judéophiles chez les peuples hôtes. Ainsi la loi permet aux juifs, expressément, de mentir aux non-juifs, de s'aider mutuellement par le mensonge, et de tuer les renégats. Il a tout loisir de ne pas reconnaître la loi de l'État hôte ; l'argent et la vie de l'*Akum* (= le non-juif) sont des biens en déshérence. Toutes ces prescriptions et bien d'autres sont expressément et à mainte reprise spécifiées dans les codes de lois juifs.

Cependant la permission de tuer les non-juifs n'est évidemment pas un motif suffisant pour accomplir des meurtres rituels ; ces meurtres doivent reposer sur d'autres fondements, plus profonds, de nature religieuse, même si tout en nous se hérisse à l'idée d'impliquer le mot « religion » à la commission de ces épouvantables meurtres. En réalité, les juifs fidèles à la loi sont convaincus qu'ils commettent, en jouissant du sang des chrétiens assassinés, une œuvre de haute piété, qu'ils se purifient par ces truchements hautement festifs, qu'ils préservent leur âme de la damnation ; bref, qu'ils font œuvre d'insigne complaisance envers leur Dieu.

L'on serait incliné à considérer que cette pratique de « *service divin* » relève d'un phantasme morbide et sanguinaire, si la vérité sur ce terrible secret n'était pas confirmée en toute clarté et, il faut bien le dire, en grande partie de la bouche même des juifs.

Ces aspects manipulatoires des juifs doivent absolument être pris en compte. Un des témoins cardinaux, très au courant de ces débauches sanguinaires et de ces meurtres rituels, est un rabbin passé à l'église orthodoxe en 1795 qui reçut lors de son baptême le nom chrétien de Théophilus, mais qui est connu sous le nom de Rabbi Moldavo. Celui-ci écrivit en 1803 un livre truffé d'accusations édifiantes contre ses propres congénères, qui porte le titre « *Du déclin de la religion hébraïque* ». Mais écoutons ce que Rabbi Moldavo a à nous rapporter de sa science immédiate et personnelle relative aux meurtres rituels juifs :

« *Nombreux sont les auteurs qui écrivirent sur les Hébreux et leurs fautes. Mais je n'ai rencontré nulle part ce secret barbare, attribut des juifs. Et quand quelqu'un y fait allusion, il dit que les juifs tuent les Chrétiens et captent leur sang. Mais je n'ai découvert nulle part ce que les juifs font avec le sang. Seuls les Khakhams, les rabbins et les pères de famille connaissent ce secret et le communiquent oralement à leurs fils.*

« *Et c'est à coups de malédictions terrifiantes qu'ils leur imposent le silence afin qu'ils ne s'avisent jamais de trahir. Ils ne sont autorisés à le révéler qu'à un seul de leurs fils, à savoir celui qu'ils jugent le plus apte à la fonction. Ils leur inculquent le protocole qu'ils devront à leur tour transmettre à leurs fils qui jamais ne devront en livrer le secret à un Chrétien, même en situation la plus périlleuse : plutôt perdre son sang et sa vie que d'avouer.*

« *Or je crains Dieu par-dessus tout et suis sans souci malgré les serments funestes de mon père qui était rabbin* et grand rabbin de tout le peuple juif. Je veux tout proclamer avec exactitude pour le plus grand honneur de Dieu, de notre Sauveur Jésus Christ et de sa sainte église.

« C'est donc de la manière suivante que le secret m'a été transmis : j'avais treize ans quand mon père m'entretint en tête à tête et m'introduisit plus à fond dans la connaissance de la loi. Il me prêcha toujours plus la haine contre les Chrétiens, me laissant entendre que cette haine est un commandement de dieu, qu'il lui est si agréable que l'on égorge les Chrétiens et que l'on doit conserver leur sang pour les rites idoines.

« Puis mon père m'embrassa et poursuivit : Mon fils, je te supplie auprès de tous les êtres du Ciel et de la Terre de conserver toujours ce secret dans ton cœur. N'en fais jamais part ni à tes frères, ni à tes sœurs, ni à ta mère, ni à ta future épouse, ni à aucun autre être vivant, en particulier pas aux femmes. Et dusses-tu avoir une fois onze fils, comme moi, ne dévoile pas ce secret à tous, mais qu'à un seul d'entre eux, celui que tu tiendras pour le plus intelligent et, de tous, le plus apte à le garder. C'est ainsi que j'agis avec toi. Tu devras aussi observer si ce fils fera montre de zèle dans la foi.

« Et mon père de conclure : que la terre refuse ta dépouille, mon fils, qu'elle te rejette de son giron à ta mort si tu venais à trahir notre secret du sang, peu importe en quel temps et en quelles circonstances, quelle que soit la menace. A ne communiquer donc qu'au seul choisi, comme déjà dit. Tout cela vaut aussi pour le cas où il te faudrait devenir chrétien, ou te croire obligé de faire une déclaration pour ton intérêt personnel ou pour tout autre raison. Garde-toi de jamais trahir ton père, tandis que tu mettrais en lumière ce divin secret dont je te fais part aujourd'hui : ma malédiction tomberait aussitôt sur ta tête ;

elle te poursuivrait durant toute ta vie, jusqu'à ta mort et même au-delà, dans l'éternité.

« Maintenant j'ai un autre père en Notre Seigneur Jésus Christ et une autre mère en l'Eglise catholique et j'entends proclamer la vérité selon les paroles du sage Sirach : « Combattez jusqu'à la mort pour la justice ». Mon espérance est le Père éternel, ma confiance en est le Fils, ma force son esprit éternel. Que soit honorée la Sainte Trinité ! Pour être utile à la chrétienté, moi qui ai été Khakham et rabbin, soit maître d'enseignement, moi qui connais tous les secrets des juifs, qui les ai maintenus tels autrefois et qui ai pratiqué les rites qui leur étaient attachés, alors que j'étais maître (en Israël), je veux maintenant ôter entièrement le voile de ces secrets en faisant valoir les moyens de preuves suivants, après avoir abjuré par la grâce de Dieu l'infidélité juive dans le saint baptême ».

Puis Moldavo ausculte les raisons et les occasions présidant à l'usage du sang par les juifs. Il en arrive à la conclusion apodictique que le principal motif réside en la haine diabolique des juifs envers les Chrétiens ; et c'est dans ce contexte de haine qu'il éduque leurs descendants. Ils croient fermement que cette haine est un don de Dieu et que c'est faire œuvre pieuse que de tuer les Chrétiens et de boire leur sang. Toutes ces malédictions antichrétiennes sont enseignées dès l'enfance.

Quand des juifs passent devant une église ou même la voient de loin, ils sont obligés de dire : « *Maudite soit la demeure des impurs, l'abominable des abominables.* »

Le Talmud prescrit, au cas où un juif aurait peut-être omis par distraction, sur le moment, de prononcer ces paroles, mais qui plus tard se souvient de ne pas avoir observé l'injonction, de revenir sur les lieux et de reprendre la litanie, s'il n'a pas fait plus de dix pas ; s'il est plus éloigné, il doit prononcer les paroles exigées, mais sans revenir sur les lieux.

Quand un juif croise un corbillard, il doit dire : « *En voilà un, puissé-je demain en croiser deux !* » Bref, la haine que les juifs portent aux Chrétiens les amène si loin qu'ils croient constituer à eux seuls l'espèce humaine, que les Chrétiens n'en font pas partie.

Quand un Chrétien arrive chez un juif, celui-ci le reçoit avec politesse et amitié. Mais à peine a-t-il franchi la porte de sortie que le juif est obligé de le maudire en ces termes : « *Puisse, sur la tête du Chrétien, sur sa maison et sa famille, s'abattre toutes maladies, accidents, souffrances, autres malheurs et persécutions, lesquelles étaient, sont et seront destinés à ma famille et à ma maison.* »

Cette haine du Chrétien est enseignée et alimentée par le Talmud. Citons-en quelques passages, parmi tant d'autres :

« *Leur sang* (celui des non-juifs), *Il* (Yahveh) *en autorise l'usage* », comme il est dit (*Js.* LX, 12) ;

« *... Et les Goyim* (les non-juifs) *doivent entièrement être éliminés* ».

Yaveh autorise l'usage de leur sang (celui des non-juifs), comme il est écrit dans *Deutéronome* XX/16 : « *Tu ne laisseras vivre aucune âme ; ... Celui qui versera le sang des sans-Dieu a agi comme s'il avait fait un sacrifice à son Dieu* ».

Un des plus grands amis des juifs, Hermann L. Strack, professeur à l'Université de Leipzig, avoua en personne que les crucifixions d'enfants chrétiens, émanant des 12e et 13e siècles, plusieurs fois documentées, relativement à la haine conçue par les juifs envers les Chrétiens, se manifestent au temps de Pâques ; il en est ainsi de celles de Norwich (1144), Gloucester (1168), Blois (1171), Pontoise (1179), etc.. L'on fit à des Chrétiens, ce qui fut fait en son temps à Jésus, et ce qui eût volontiers été fait à tous ceux dont on était haï, méprisé, persécuté.

La deuxième raison, qui explique l'usage du sang par les juifs, selon Moldavo, évidemment parfaitement au courant, réside dans leur superstition. Ils s'adonnent à la magie, à la Cabale, à la sorcellerie et à toutes sortes de pratiques superstitieuses ; pratiques diaboliques au cours desquelles ils se servent de sang chrétien. Il faut y voir la malédiction de Dieu que doit expier le peuple juif, malédiction imposée à cause de la dureté de leur cœur qui les engage à renier Christ, notre Seigneur et à le méconnaître comme Messie.

D'ailleurs Dieu annonça déjà sa malédiction dans le livre du *Deutéronome* en ces paroles : « *Le Seigneur t'assénera les plaies d'Egypte, avec teigne et escarres, de manière à ce que jamais tu ne guérisses..., les pires plaies dont jamais tu ne te remettras.* »

Certes, maladies et malédictions, la nation juive les a connues. Quand les rabbins ignominieux rendent visite aux malades et leur dispensent leurs médecines, c'est alors qu'ils les aspergent de sang chrétien dans le but de les guérir. Pour ces superstitions juives impliquant le sang, il y a vraiment beaucoup de témoignages, tous irréfutables.

Ainsi le juif converti Samuel Friedrich Brentz écrit-il dans son œuvre « *Le serpent juif dépouillé de sa peau* » (Augsbourg 1614) : « *Quand une juive en gésine doit supporter de grandes douleurs, le rabbin, sinon le membre le plus éminent de la commune, s'empare d'une pièce de parchemin, la divise en trois coupons et y inscrit quelques paroles inconnues. Le premier de ces coupons est introduit dans la bouche de l'intéressée, le deuxième est posé sur sa tête et le troisième placé dans sa main.*

« *Aussitôt elle retrouve la tranquillité. Mais quelle est la nature de l'encre ayant servi aux inscriptions ? Voilà qui nous est soigneusement occulté ! Mais je sais, de source absolument digne de foi, que les juifs achètent ou volent parfois les enfants chrétiens et pratiquent sur eux l'exsanguination qui, entre autres, sert à obtenir l'encre rituelle dont on vient de parler. Cette pratique n'est pas considérée par eux comme un pêché, comme je puis le certifier.* »

Ferdinand Gregorovius (dont l'œuvre « *Histoire de la cité de Rome au Moyen-Age,* 1870) parle de la fin du pape Innocent VIII (juillet 1492) : « *Son médecin juif vint à penser à injecter au mourant le sang de jeunes garçons vivants : c'est ainsi que trois garçons de dix ans donnèrent leur sang pour un ducat chacun et moururent, victimes de cette expérience médicale juive criminelle. Le mourant, dit-on, ne donna pas son consentement ; il repoussa violemment le médecin* ».

Dans son « *Fasti hungarici* » Antonius Bonfinius fait allusion à quatre causes qui poussent les juifs à de telles infamies :

« *1) D'abord ils croient que le sang des Chrétiens, appliqué lors de la circoncision, a des vertus hémostatiques.*

« *2) Puis ils pensent que ce sang, mêlé à la nourriture et savouré avec les repas, induit un plus grand amour réciproque, agissant comme un philtre, ce qui joua un rôle important dans les premiers siècles de notre ère.*

« *3) Troisièmement les juifs, selon leur propre expérience, reconnaissaient que les hommes et les femmes juives qui souffraient de saignements fréquents en guérissaient sitôt qu'ils buvaient du sang de Chrétiens.*

« *4) Enfin le sang des Chrétiens était un sacrifice qui plaisait à Jahveh.* »

Mais le motif ultime justifiant les meurtres rituels juifs si révoltants est et reste la haine, haine contre les humains d'une race supérieure et meilleure, contre qui leur loi autorise tous les crimes, bien plus, les commande, de la tromperie au meurtre. Au cours des siècles rien, dans cette haine, ne s'est modifié ; elle s'est toujours imposée plus profondément ; plus le christianisme progressait et plus distinctement l'humanité reconnaissait la méchanceté abyssale et la vilenie de la race juive.

Ayant fait la clarté sur les mobiles du meurtre rituel juif aboutissant à la consommation du sang, s'impose alors la question de savoir à quelles occasions les juifs consommaient le sang de Chrétiens et quels effets se promettaient-ils d'en tirer ? Là encore des sources juives irréfutables nous donnent un renseignement exhaustif : lors du mariage, le rabbin tend au couple un œuf cuit dur qu'il partage en deux parties après l'avoir écalé. Chacune des deux moitiés, il les saupoudre non pas de sel, mais de cendre ; et cette cendre provenait de sang chrétien séché. Tandis que les mariés mangent l'œuf, le rabbin prononce la prière suivante : « *Puissent les mariés avoir la force de tuer les Chrétiens, avoir la puissance de les tromper en tout temps, de s'enrichir de leur trésors et de la sueur de leur travail* ». Et c'est un rôle tout aussi essentiel que joue le sang chrétien lors de la circoncision et de la mort d'un juif. Quand un juif meurt, alors intervient le rabbin qui prend le blanc d'un œuf, le mélange à un peu de sang chrétien frais ou séché sous forme de poudre, puis en enduit le dessus du corps du défunt en prononçant les paroles du prophète Ezéchiel : « *Je déverserai sur vous du sang pur et toutes vos impuretés seront lavées* ». En outre les juifs utilisent le sang chrétien le 9 juillet, jour de la déploration de la destruction de Jérusalem : ils répandent de la poudre de sang sur un œuf écalé et procèdent comme pour la cérémonie du mariage. Enfin le sang chrétien joue aussi un rôle considérable lors du rituel des fêtes de Pourim et de Pessah. Lors de la fête de Pessah, tous les juifs doivent manger du pain azyme ; or dans une proportion définie de ce pain, que tous les juifs sont amenés à consommer, il y a du sang chrétien que les rabbins ont mêlé à la pâte avant la cuisson.

Ces témoignages émanant de la bouche de leurs propres congénères sont évidemment fort gênants pour les juifs qui ont tenté de toutes leurs forces de les rendre non crédibles, mais sans aucun succès ! La crédibilité, précisément, de ces juifs qui ont tourné le dos à leur religion, mais qui restent cependant toujours juifs, a été souvent analysée à fond. Il en est résulté qu'il ne peut subsister le moindre doute jusque dans les plus petits détails quant à leurs prétentions exactes, d'autant que d'autres juifs, qui ne se sont pas convertis au christianisme, rapportent de même. Le meurtre rituel juif est un fait aussi irréfutable que la foi solidement ancrée des juifs d'accomplir par la consommation de sang chrétien une œuvre agréable à leur Dieu.

> « *Un non-juif qui étudie le Talmud, ou un juif qui enseigne le Talmud à un non-juif, doit être puni de mort* ».

TUÉS PAR LES JUIFS

À vouloir citer, preuves à l'appui, tous les meurtres rituels commis par les juifs, nous ferait sortir largement au-delà du cadre de cet opuscule, d'autant plus s'il nous fallait encore entrer dans les détails. C'est pourquoi l'on doit toujours garder à l'esprit que le juif ne s'est pas seulement mis à l'ouvrage dans le plus grand secret, mais qu'il a été et qu'il reste aussi passé maître dans l'art d'effacer les traces et dans l'induction en erreur de son voisinage et des autorités de poursuites pénitentiaires.

Si le nombre de cas s'avère particulièrement grand dans la Pologne et la Russie d'autrefois, voilà qui s'explique de manière tout à fait évidente par le fait que la juiverie, dans ces pays, s'est déployée depuis longtemps en quantité, et que l'appareil policier, aussi corruptible que défectueux, était le meilleur encouragement à l'occultation de tels crimes. Il est donc hors de doute que d'innombrables cas, jamais éclaircis, d'enlèvements d'enfants restent ainsi dans les ténèbres, car de riches marchands de bétail juifs et autres accapareurs de froment, ou des rabbins de la communauté pourvus de gros moyens financiers, faisaient s'écouler les roubles mignons nécessaires dans les mains largement ouvertes des organes de sécurité fort mal rétribués. Alors, à la fête de Pessah, lors de la consommation des galettes imprégnées de sang chrétien, les meurtriers juifs se frottaient les mains à propos des Goyim imbéciles à qui ils ponctionneraient de nouveau leur argent à coups de mensonges et d'intérêts composés...

Ceci dit, nous sommes en possession de rapports précis sur les meurtres rituels juifs émanant de toutes les parties du monde ; aucun pays n'a été épargné par les meurtres juifs : en Allemagne comme en France, en Italie comme en Angleterre ou en Palestine, les juifs ont mené leur artisanat criminel ; combien de filles et de garçons tombèrent victimes de leurs crimes ! Combien cruel fut le procédé des tueries : un sang soutiré lentement, dans d'épouvantables tortures, au travers d'innombrables et douloureuses plaies trocardées. Souvent les pauvres enfants, maintenus en vie afin de donner autant de sang que possible, souffraient des journées entières avant d'expirer, martyrisés sans pitié par les criminels juifs qui se repaissaient de leurs tourments.

Bien des juifs furent exécutés à cause de tels meurtres rituels, beaucoup d'entre eux abattus par des Chrétiens rendus furieux à juste titre ; mais la plupart réussit à garder la tête hors du collet. Force est de constater que les peines capitales ne les dissuadaient pas de pratiquer leurs rites de barbares sanguinaires ; leur avidité de sang chrétien, malgré le prix élevé à payer, surmontait toutes les réticences.

Même si nous admettons que, comme l'affirment les juifs et leurs amis, maint crime s'étant passé au Moyen-Age ne soit pas totalement élucidé et injustement mis sur le compte des juifs, d'où vient-il alors que l'on accusât justement les juifs ? La réponse ne peut être autre que ce qui suit : parce que l'on a reconnu, sur la base d'expériences multiples, la moindre valeur du juif et son inclination innée au crime et que, par conséquent, on le sentait capable de tous les crimes. Dans chaque village, dans chaque ville où résidaient les juifs (et où ne s'installèrent-ils pas ?), il était de notoriété publique que les juifs pratiquaient l'usure et commettaient des vols, qu'ils violaient des jeunes filles chrétiennes, qu'ils fabriquaient de la fausse monnaie, bref, qu'ils commettaient tout crime afin de nuire aux Goyim, tout en s'enrichissant et en donnant libre cours à leur haine à l'égard des Chrétiens.

Il conviendra de nous limiter ici à n'énumérer qu'une série de meurtres rituels juifs documentés historiquement et qui ne peuvent non plus être niés par les juifs eux-mêmes et à en examiner quelques-uns, cas particulièrement caractéristiques, d'un peu plus près. Mais nous souhaiterions indiquer expressément que seule une fraction infime du matériau présent a pu être utilisée ; que, donc, le nombre de meurtres rituels juifs pouvant être prouvés dépasse de beaucoup les cas traités en l'occurrence.

1. Au 4ème siècle les juifs furent expulsés de quelques provinces romaines, parce que, un Vendredi saint, ils avaient battu un enfant chrétien crucifié.
2. Sous la loi de l'empereur Théodose, l'on interdit aux juifs de déplacer leurs synagogues en lieux isolés, ce qui ne les empêcha pas de crucifier des enfants chrétiens en secret ; certains toutefois furent exécutés pour ces actes.
3. En l'an 1067, à Prague, six juifs furent cousus dans un sac et noyés pour avoir exsanguiné un enfant de trois ans.

4. Des juifs de Blois crucifièrent un garçon chrétien pendant la fête de Pâques et furent condamnés au bûcher par le comte de Chartres, en 1071.
5. Dans la biographie de Saint Eustrate, l'on raconte que le saint des Polovtsi fut fait prisonnier et vendu à un juif en 1096. Ce dernier le soumit à divers martyres et le crucifia lors de la Pâque juive.
6. Des juifs de Norwich tuent un garçon de dix ans, nommé Wilhelm, et l'exsanguine, en 1144.
7. Un enfant chrétien est crucifié par les juifs à Gloucester, en 1160.
8. En 1172, les juifs crucifient un enfant à Blois, enferme le cadavre dans un sac et le jettent dans la Loire.
9. A Pontoise, en 1179, l'enfant chrétien Richard est abattu par les juifs.
10. Un enfant chrétien nommé Rodbert est tué à Londres en 1181 par les juifs.
11. Les juifs crucifient un Chrétien à Baisne et le roi de France fait passer 80 d'entre eux sur le bûcher, en 1181.
12. En 1220, à Weissenburg, en Alsace, l'enfant chrétien Hernrich est assassiné par les juifs.
13. En 1225, à Munich, 140 juifs sont condamnés à la peine du feu, ayant assassiné un enfant chrétien par exsanguination.
14. En 1228, à Bacharach, les juifs torturent à mort un enfant et le dispose sous une presse afin d'en retirer plus de sang.
15. En 1235, à Norwich, sept juifs avouent avoir volé et circoncis un enfant, en vue de le crucifier pour la Pâque.

16. En 1236, près de Fulda, des juifs prennent un moulin d'assaut et tuent des enfants en les exsanguinant ; après quoi ils sont découverts, lynchés, d'autres subissant la peine du feu.
17. En 1244, à Londres, un enfant chrétien est trouvé assassiné, mais les juifs les plus considérables quittent la ville en douce.
18. En 1250, à Saragosse, Dominicus del Val, petit enfant chrétien de 7 ans, est crucifié par les juifs.
19. En 1255, à Lincoln, 19 juifs sont exécutés pour avoir volé puis crucifié Hugo, petit enfant chrétien.
20. En 1286, à Munich, deux enfants chrétiens sont égorgés par les juifs ; suite à cela, 180 Juifs seront passés par les flammes dans leur synagogue.
21. En 1286, à Oberwesel am Rhein, Werner, petit enfant chrétien, est martyrisé par les juifs pendant 3 jours avant de mourir.
22. En 1287, à Berne, les juifs s'emparent de Rudolphe, petit enfant chrétien, lui faisant subir un martyre atroce ; découverts, les principaux acteurs seront roués et les autres juifs expulsés.
23. En 1231, à Annecy, les juifs de la ville égorgent un prêtre chrétien, à la suite de quoi ils furent expulsés de la ville.
24. En 1347, le Vendredi saint, à Messine, les juifs crucifient un enfant chrétien.
25. En 1380, à Hagenbach, en Souabe, des juifs sont surpris au moment où ils égorgeaient un enfant chrétien enlevé à ses parents ; ils furent livrés aux flammes.
26. En 1410, à Cracovie, les juifs mirent à mort un enfant chrétien ; ils furent expulsés de la ville.

27. En 1242, à Lienz (Tyrol) une petite chrétienne de 3 ou 4 ans fut tuée par les juifs par exsanguination.
28. En 1476, à Ratisbonne (Regensburg), on avise l'exsanguination d'un enfant chrétien.
29. En 1494, à Tyrnau (Hongrie), même forfait.
30. En 1503, à Cracovie, on mentionne un meurtre rituel.
31. En 1540, l'enfant chrétien de 4 ans, Michael Pisenharten, fut enlevé par les juifs, tué et exsanguiné, après trois jours de martyre, à Tittin (Heitingen) au nord d'Ingolstadt.
32. En 1574, à Punia (Lituanie), commission d'un meurtre rituel sur une fillette chrétienne de 7 ans.
33. En 1598, dans le village de Woznik, province de Podolie, Albert, petit enfant chrétien de 4 ans, fut volé et abattu par les juifs quatre jours avant la fête de Pâque.
34. En 1669, à Glatigny, le juif Raphaël Levi vole un petit enfant chrétien de 3 ans et l'égorge ; confondu, il passera sur le bûcher le 17 janvier 1670.
35. En 1684, Gabriel, enfant chrétien de 6 ans, est volé à Grodno par le juif Schulka, transporté à Bialystok et, en ce lieu, en présence d'autres Juifs, martyrisé à mort par exsanguination.
36. En 1753, dans un village des environs de Kiev, un petit enfant chrétien de 2 ans et demi est volé par les juifs, égorgé par les soins du rabbin Schmaïa et son sang recueilli pour l'accomplissement du rituel de confection des galettes azymes.
37. Le Vendredi saint 20 avril 1753, à Jitomir, les juifs vole l'enfant Stefan Studinski ; il commence par l'enivrer d'hydromel avant de le martyriser à mort. Le lendemain déjà, son cadavre est trouvé en forêt.

Comme il existe des preuves apodictiques, les juives Breina et Frusche avouent avoir commis le meurtre avec l'aide leurs maris. Les juifs furent exécutés.

38. En 1764, à Orkul (Hongrie), Balla, enfant chrétien de 10 ans disparaît ; il est retrouvé assassiné ; trois juifs avouent leur forfait.

39. En 1823, un enfant chrétien âgé de 3 ans et demi, originaire de Wielitch (Russie), est martyrisé à mort par les juifs, exsanguiné ; mais le procès fut abandonné !

40. En 1826, près de Varsovie, un enfant chrétien de 5 ans fut exsanguiné à mort ; des blessures occasionnées par plus de 100 points de ponction furent constatées !

41. En 1844 tomba la sentence du Haut Tribunal de la Sublime Porte contre des juifs qui avaient torturé à mort un enfant chrétien sur l'île de Marmara. C'est le patriarche grec qui avait dénoncé l'affaire ; toutefois sur la demande instante de l'ambassadeur anglais, comme cela fut rapporté ultérieurement par les journaux, la Porte, non seulement ne reconnut pas le forfait des juifs, mais au contraire, fit porter au patriarche la charge des frais de justice !

42. En 1850, en Géorgie, non loin de Tiflis, dans la petite ville de Suram, les juifs martyrisèrent un enfant à mort et jetèrent le cadavre dans la forêt. Le procès dura plus de 5 ans et c'est au sénat de Moscou qu'incomba la décision finale : ils furent condamnés et bannis.

43. En 1875, à Perm, un enfant fut volé aux établissements de bain public. La police réussit à mettre la main sur le cocher de la drochka qui avait emmené une juive avec l'enfant. L'habitation de la femme fit l'objet d'une

perquisition ; alors que murs et planchers étaient auscultés, en un lieu précis, un son creux retentit ; la tapisserie fut arrachée et l'on fut en présence d'une armoire murale secrète dans laquelle l'enfant tué était suspendu, la tête en bas. Au-dessous de lui il y avait un baquet rempli du sang de la victime.

44. En 1881, à Kaschau (Hongrie), disparaît une jeune fille ; elle sera retrouvée dans le bassin d'une fontaine deux semaines après.
45. En 1879, aux alentours du village de Lechkovtsy, dans la rivière Wenra, l'on trouva le cadavre d'une jeune fille, apparemment une juive ! Ses mains étaient liées derrière le dos et, à son cou, l'on observait des traces évidentes d'une mort violente. Il s'agit d'une juive qui, ayant épousé un chrétien, avait abjuré sa foi juive peu avant les noces pour devenir chrétienne d'obédience luthérienne.
46. En 1881, à Lutcha, en Galicie, on retiendra le meurtre rituel de Franzisca Mnich.
47. En 1885, à Mit-Kamar, en Egypte, un jeune copte fut égorgé en vue de la fête de Pâque.
48. En 1890, à Damas, on mentionne le meurtre par exsanguination d'Henri Abdelnur, enfant chrétien.
49. En 1891, à Corfou, on signale le meurtre par exsanguination d'une jeune fille chrétienne, Maria Dessyla.
50. En 1899 a lieu le meurtre d'Agnès Hruza à Polna (Bohême) dont il sera question plus loin.

Serta etas mūdi

Simon beatus tridentinꝰ puerulꝰ. quē ob miraculoꝝ frequētiā btm̄ appellāt. die martꝭ.xij.kal.aprilis anno ab incarnatione verbi septuagesimoquīto supra millesimū qter centū in hebdomoda scēa a iudeis in tridētina ciuitate necatꝰ xp̄i martir efficit̃. Iudei em̄ in eā vrbe degētes pascha suo more celebraturi. cum̄ xp̄ianū nō haberēt immoladū cuiꝰ sanguine in azimis suis vti possent puerū in hūc modū in samuelis cuiusdā iudei domū furtim deportarūt. In sacra hebdomoda an̄ diē pasce luce tercia vespere facto is an̄ fores pr̄is puerulū more sedēs. cū nō aderat genitor nec cara pares pditor thobias astitit blanda voce moratus puerū cuiꝰ etas nō bn̄ ter decē meses viderat. fert illico samuel ad edes. Cūqꝫ nox ruit hic gemini saligmā samuelqꝫ thobias vitalis moyses ysrahel atꝫ mayer an̄ synagogā leti eiꝰ pectora nudāt. In eius collo primū ne vagire posset sudariolū apposuerūt t extensis brachijs pmo papulū forpicibꝰ. mox genā dexterā p cidentes. Inde dꝫqꝫ forpice carnē quellit. Sudibꝰ deinde pacuti pupugere. cū ille manus alter plantas continet crudeliter sanguine collecto hymonos eoꝝ more canētes. addūt mitnis vba. accipias suspese ihesu. fecere sic olim maiores nr̄i. sic pfundant̃ celo terra marꝗꝫ xp̄icole. sic caput eius inter vlnas cecidit t vita libera ad superos fecit iter. inde ad cenas pperarūt azimas de sanguine eius in xp̄i dedecꝰ ederūt. eoqꝫ mortuo statim corpus in pinquū domus eoꝝ flumen piecerūt t pascha cū gaudio celebrarūt. Querētes deinde anxij parētes gnatu paruulū. postridie eū in fluuio inuenerūt. q illico vrbis ptori scelus denūciarūt. Is ptor iohānes de salis nobilis brixiēsium ciuis legū doctor viso puero exhorruit facinꝰ t pfestim vrbis iudeos pphendit t eculeo eos sigillatim imponēs tormētis astricti eo ordine crimē retulerūt. q diligēti examinatione cognito iudeos pdignis supplicijs exterminauit. Presul eo tpe vrbis Jo. hinderbach collegit extrictū corpꝰ t sepulchro mādat. multis euestigio cepit florere miraculꝭ. Inde ex om̄i xp̄iano orbe pp̃oloꝝ cursus ad sctī huius paruuli sepulchrū est factus vt etiā vrbs ipā cū miraculis t opibus multis sit aucta. Corpori vo ipius pueri tridentini ciues basilicam pulchram erexere

Cōsimile etiā scelꝰ apd̄ mota oppidū qd̄ ē in finibꝰ agri fori iulij p qnquēnium iudei pegeꝝt. Nā etiā alium puerū sili mō mactauerūt. p q tres eoꝝ captiui venetijs missi fuerūt atroci supplicio peremati ist. Iterum thurchi inferiorem ingressi misiam magna cede sternunt̃. Dehinc magna genuensium vrbe capham quā ad meotidem adhuc possidebant. Genuenses expugnant. ciuitas populosa t mercatoribus plurimū apta fuit hoc anno ciue genuoefi eā prodente in turchoꝝ man. deuenit in littore euxini maris sita.

« Celui qui fait couler le sang des impies, c'est-à-dire, des non-juifs, disent les rabbins, offre un sacrifice à Dieu ».

MARTYRISÉS À MORT

Si dans ce qui suit, nous commenterons plus en détail quelques meurtres rituels, nous mettons bien l'accent sur le fait que la liste de ces épouvantables forfaits à mettre sur le compte des juifs se laisse prolonger à l'envi. Nous avons affaire, dans tous les cas, à des meurtres dont la commission est d'essence irréfutablement juive et pour lesquels la documentation judiciaire nous fournit de quoi nous édifier tant dans les faits que dans les modes opératoires. Il s'agit ici non pas d'histoire du Moyen-Age, reposant sur des preuves de faible valeur ou même nulles, mais au contraire, sur des faits exacts, prouvables en tout temps.

Martyre de Simon de Trente

Le jeudi de la semaine pascale de l'an 1475, dans la ville de Trente, se déroula un drame épouvantable : un meurtre rituel dont la victime fut le petit Simon Gerber âgé de 2 ans et demi ; meurtre à propos duquel nous sommes renseignés jusque dans les moindres détails grâce aux documents du procès obtenus dans leur intégralité.

Dans la ville habitaient alors trois familles juives dont les chefs, Angelo, Tobias et Samuel se retrouvèrent à plusieurs reprises manifestant leur contrariété à l'idée de manquer de sang chrétien indispensable à la préparation des galettes azymes de Pâque.

Ce fait et la description ultérieure du crime seront donnés en toute clarté lors des séances d'audition des témoins.

Les trois juifs pressèrent un marchand juif de passage, du nom de Lazzaro, de leur fournir un enfant chrétien. Après quelque hésitation, il se déclara d'accord pour le prix de 100 ducats et parvint à attirer, le petit Simon Gerber de 2 ans et demi, enfant particulièrement beau, dans le maison de Samuel. La nuit tombée, le crime fut accompli, auquel participèrent les 7 juifs suivants : Samuel et son fils Israël, Moïse (le vieux), son fils Mohar et son petit-fils Bonaventura, le serviteur Vitale, le cuisinier Bonaventura et le médecin Tobias. Angelo, qui avait vraiment été l'instigateur du rapt de l'enfant, n'était pas présent.

Il est intéressant de noter que la version du meurtre qui va suivre fut rapportée unanimement par les accusés, alors même qu'ils étaient gardés sous le régime d'isolement cellulaire et qu'aucun mauvais traitement corporel ne leur fut appliqué.

Nous commencerons par l'exposé du valet Vitale, particulièrement détaillé : le jour de la Pâque juive, jeudi, au crépuscule (il ne se souvenait plus exactement de l'heure), il (Vitale) était allé dans la maison de Samuel, puis dans la chambre qui faisait face à la synagogue.

Là se trouvaient aussi : Moïse, le vieux ; son fils Mohar ainsi que le fils de celui-ci, Bonaventura ; Samuel et son fils Israël ; Bonaventura, le cuisinier et Tobias, le médecin. Samuel entoura le cou de l'enfant, que le vieux Moïse, assis sur un banc, tenait sur ses genoux, d'un foulard. Moïse et Samuel tirèrent fortement sur le foulard afin d'étouffer tout cri que pût émettre l'enfant. Alors Moïse, muni d'une pince arracha un morceau de chair de la joue droite de la petite victime. Samuel et Tobias firent de même. Le sang qui s'écoulait de la joue était recueilli dans une écuelle ; Tobias et Mohar se relayaient pour récolter le sang.

Tous, y compris Vitale, avaient en main des aiguilles pour percer l'enfant, tout en articulant des paroles en hébreux qu'il ne comprit pas. Puis, avec la même pince, ils prélevèrent de la chair à l'extérieur de la cuisse droite du petit. Il ne se souvenait pas qui des deux avait été le premier à continuer ainsi l'infâme besogne, ni qui tenait ensuite l'écuelle dans laquelle s'écoulait le sang. Puis Moïse et Samuel, assis sur un banc, saisirent l'enfant et le placèrent debout entre eux, tout en le soutenant : Moïse, à la droite de l'enfant, saisit le pied de celui-ci et étendit en même temps son petit bras droit ; Samuel fit de même à gauche. Le témoin croit se souvenir que même Tobias maintenait les pieds de l'enfant ; ainsi le petit revêtait la position du crucifié. C'est alors que les autres juifs qui l'entouraient lui portèrent des estocades avec des aiguilles qu'ils avaient en main. Vitale, comme déjà dit, y participa aussi. Sous ce martyre, l'enfant expira.

L'interrogatoire aboutit à toute la clarté souhaitable, incluant les mobiles du meurtre : ainsi donc l'enfant fut tué en vue de récupérer son sang pour le mêler à la pâte dont on fait les galettes azymes qui sont consommées à

Pâque. Ce sang, provenant d'un enfant chrétien serait nécessaire à chaque célébration pascale. Car il règne, dans les cercles juifs initiés, la conviction selon laquelle le sang d'un enfant chrétien tué est de grande utilité pour le salut de leurs âmes ; mais que ce sang ne serait pas aussi efficace si on ne tuait pas la victime de la même manière que les juifs ont tué Jésus Christ ; que l'enfant peut vraiment être tué quel que soit le jour, son sang récolté, mais que le sacrifice est plus agréable à Dieu si l'expiation a lieu peu avant Pâque.

Les juifs ne seraient pas des juifs s'ils ne liaient pas leur désir de meurtre à un florissant trafic. Le procès du meurtre de Trente démontra clairement qu'il ne s'agissait nullement d'un cas isolé ; du reste les épouses de Tobias et de Mohar, auditionnées comme témoins, reconnurent encore bien d'autres meurtres auparavant. L'accusé Samuel rapporta, entre autres, que les sanguinaires marchands juifs étaient pourvus d'autorisations rabbiniques supérieures, afin que les *« clients »* soient sûrs de ne recevoir que du sang recueilli de manière irréprochable ; sang qui, selon les accusés, n'était pas utilisé que dans la cuisson de galettes pascales, mais aussi mélangé au vin de circonstance.

Il va de soi que, même pendant la durée du procès, s'installa une intense agitation juive afin d'obtenir la libération des accusés, occurrence coutumière que nous observons lors de tous les procès de meurtres rituels. Malgré toutes les démarches auxquelles participèrent ici exceptionnellement le pape et l'Eglise catholique, quatre des accusés furent condamnés à mort et exécutés. Le vieux Moïse, en tant que chef de la communauté, préféra se donner la mort en prison.

Pourtant l'agitation juive ne tarit pas, agitation qui, pour le moins, visait à disculper ultérieurement les juifs du fléau des meurtres rituels. Ils se réfugièrent avant toute chose derrière une protection papale, mais celui-ci avait été entre-temps dûment renseigné sur l'affaire ; ainsi confirma-t-il, dans une bulle extraordinaire, que la sentence des juges de Trente était équitable et inattaquable. C'est ainsi que le pape Grégoire XIII permit, cent ans plus tard, au petit Simon d'être accueilli au sein des martyrs de l'Église romaine et canonisé.

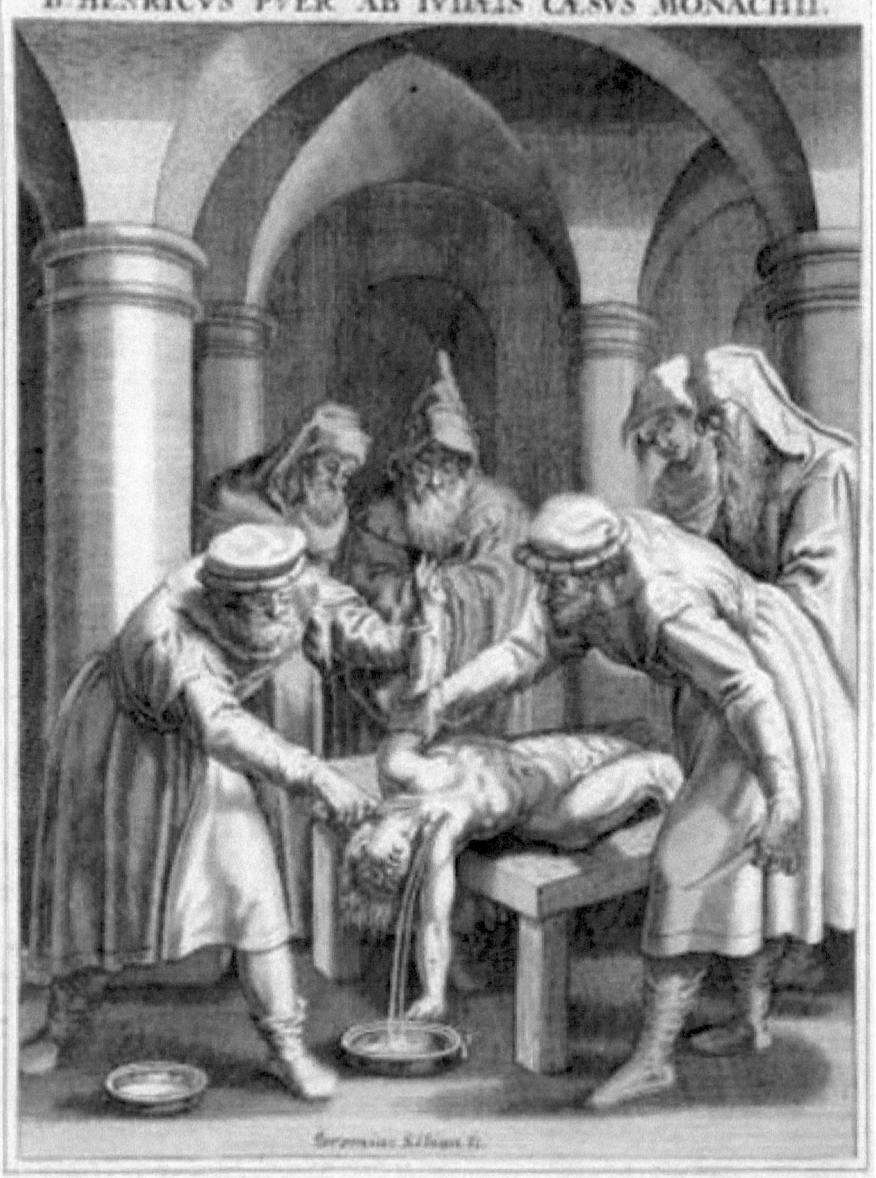

Le meurtre du père Thomas

Dans la ville syrienne de Damas, peu avant le milieu du XIXe siècle, vivait et œuvrait le père capucin Thomas, d'origine sarde. Tant comme savant que comme médecin, comme père des pauvres, il jouissait d'une haute considération, non seulement auprès d'un mélange de populations bigarées, constitué de chrétiens, de musulmans et de juifs, mais aussi auprès des hautes autorités, avant tout celle de Chérif Pacha, gouverneur de la province. Qu'il ait voué aux juifs une attention particulière doit être ici expressément souligné, car l'ignominie du crime commis envers lui nous éclaire à suffisance.

Lorsqu'il revint, au soir du 5 février 1840, d'une visite aux malades – comme il s'avéra par la suite – le juif David Havari, censément très pieux et très ami avec le père Thomas, l'invita dans sa maison. Le père donna suite à son invitation et - il était environ 20 heures – dès ce moment disparut de ce monde. Inquiet de sa longue absence, son domestique, le chrétien Ibrahim Amarah, se rendit dans le quartier juif et disparut lui aussi définitivement. En tant que représentant de la puissance protectrice des chrétiens de Syrie, le consul français, comte Ulysse de Ratti-Menton, dès le lendemain, prit en main le recherche des deux hommes. Aussitôt des témoins s'annoncèrent pour rapporter avoir vu le père Thomas la veille au soir dans le quartier juif. En outre, il était de notoriété publique, dans de larges couches de la population, que déjà auparavant, des disparitions de chrétiens avaient retenu l'attention. Mais les juifs, grâce à leur argent et à leur relations, parvinrent toujours à mettre un terme aux enquêtes. Mais cette fois, l'on dépêcha l'affaire avec grande diligence : le 7 février déjà, les autorités judiciaires se saisirent de la cause sur les instances énergiques du consul français.

Après quelques perquisitions infructueuses, les criminels, eux-mêmes, se trahirent : l'on était parvenu à la conclusion que le père Thomas avait emmené avec lui des affiches à placarder concernant une vente aux enchères et en avait déjà appliquées en certains lieux. Or deux jours après sa disparition, une de ces affiches fut trouvée, appliquée au mur de la maison du barbier juif Soliman, cela avec d'autres produits de fixation que Thomas avait l'habitude d'utiliser. A l'interrogatoire, Soliman avoua finalement avoir été en compagnie de plusieurs autres juifs lors de la soirée fatale. Les juifs interrogés nièrent longtemps, jusqu'à ce qu'ils condescendirent à avouer que le forfait s'imposait dans tous ses épouvantables détails.

Le crime se déroula donc dans les circonstances suivantes : Quand le père Thomas fut entré dans la maison de David Havari, celui-ci se précipita sur l'infortuné, qui ne se doutait de rien, avec ses deux frères Isaac et Aaron et d'autres juifs, lui enfila un bout d'étoffe dans la bouche et l'entrava. Puis les juifs l'amenèrent dans une pièce opposée à la rue, et attendirent la tombée de la nuit. Après que deux rabbins accoururent sur les lieux, il revint à Soliman, qui arriva lui aussi immédiatement, de pratiquer l'incision exigée au travers du cou ; mais il n'eut pas le courage d'exécuter le geste, se résolvant à participer avec les autres au maintien de la victime sacrificielle ; David Havari, l'ami du Père Thomas, exécutant alors l'incision funeste ! Le sang fut recueilli dans une grande vasque et transmise au supérieur rabbinique. Les vêtements de la victime furent brûlés, le cadavre démembré et réduit en morceaux, les os broyés dans un mortier. Avec quel sang-froid et quelle brutalité sans exemple les assassins procédèrent, voilà qui est démontré ! En outre les parties du cadavre furent mises dans un sac à café, qui fut jeté dans le « fleuve noir » qui n'est autre que le canal d'égout, recouvert d'une dalle, passant à côté de la maison du rabbin Moussa Abou el Aafia. L'exposé de ces faits résultèrent des déclarations des accusés auditionnés isolément.

Lors d'une perquisition dans la maison du crime, l'on retrouva des traces de sang, de même que le pistil du mortier. L'examen du cloaque conduisit à la découverte de restes de chair et d'os de même qu'une partie de la tonsure du prêtre et de quelques petits bouts d'étoffe.

Une commission de quatre médecins européens et six médecins indigènes confirma qu'il agit bien de restes humains. De plus, le vice-consul autrichien Merlato identifia avec certitude les restes d'étoffe comme ceux faisant partie du tarbouche porté par le père Thomas ; ce qui fut aussi confirmé par son barbier, Youssouf.

Après de longues échappatoires et un alibi sans valeur, les accusés firent aussi — cela doit être souligné —, sans qu'aucune violence physique n'ait été appliquée, des aveux complets quant à l'assassinat du domestique : les tueurs l'avait occis de la même manière, par crainte d'une découverte, de même qu'ils l'avaient attiré sous un prétexte quelconque dans la maison.

Les interrogatoires firent aussi toute la lumière sur les mobiles des meurtres : les frères Havari avaient promis au grand rabbin de lui fournir une fiole de sang chrétien pour usage dans les rituels religieux (que nous connaissons) : avant tout pour la cuisson des galettes azymes (les *matzes*). L'un des accusés sous audition déclara, à la question portant sur l'autorisation de l'usage du sang par les juifs, que ceci était un secret des grands rabbins initiés et qu'eux seuls avait la connaissance de l'usage du sang.

Sur les seize accusés, deux moururent avant que le verdict ne fût prononcé, quatre furent graciés en raison de leur déposition livrant des aveux francs et complets, et dix furent condamnés à mort. Tous les dossiers furent transmis au ministère des affaires étrangères français et publiés ultérieurement sous le titre « *Affaires de Syrie* ».

Que les sentences de mort, malgré un matériau probatoire irréfutable et les aveux complets des accusés, ne furent pas exécutées, les assassins le durent à l'envergure mondiale de l'influence de leurs congénères riches et haut-placés pour qui le procès de Damas était, évidemment, très désagréable. Un flot d'argent se déversa sur les fonctionnaires participant à l'enquête, sans toutefois empêcher le prononcé de la peine de mort. La presse juive du monde entier vociféra, en dépit des preuves convaincantes de culpabilité, contre le « verdict déplacé » de Damas : l'on se serait procuré un cadavre, on l'aurait fait démembrer par de la canaille et répartir dans diverses maisons chrétiennes et l'on aurait affirmé avoir découvert le cadavre du Père Thomas ; ainsi l'innocence des juifs était établie !

Mais avant tout, la dynastie Rothschild faisait valoir son influence. Sous la pression, qui fut encore renforcée par le président de l'Alliance israélite universelle, le notoire Moïse Montefiore en Angleterre, le vice-roi d'Egypte Mohammed Ali intercéda en faveur des condamnés. Que le vice-roi, par cette entremise, ne fût pas mécontent, voilà qui va de soi. Il grâcia donc les assassins ; mais c'est alors que l'effronterie de la juiverie internationale atteignit son sommet : elle exigea l'élargissement des assassins « à cause de leur innocence avérée » ! C'en était trop, même pour Mohammed Ali : il retira son premier décret de grâce pour le remplacer par un autre qui, certes, permit de mettre les détenus en liberté, mais évita soigneusement d'y inscrire le mot « innocence ».

Dans l'église des Capucins de Damas, sur la pierre tombale érigée à la mémoire du vieux Père assassiné de manière si diabolique, on peut lire, mais en italien, l'épitaphe correspondant à la vérité : « *Ci-gisent les restes démembrés du Père Thomas, missionnaire capucin de Sardaigne, assassiné par les juifs, le 5 février 1840* ».

PVER IN PALATIN. AB IVDÆIS CÆSVS.

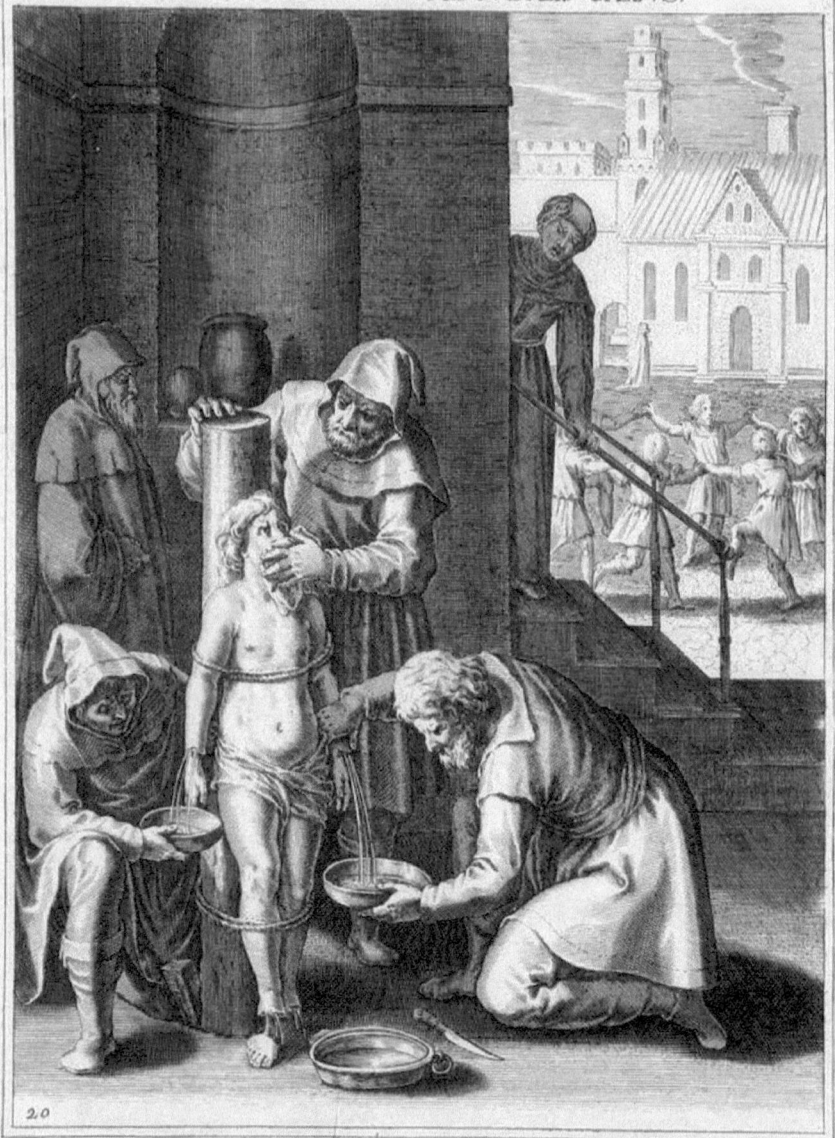

Quæ fera vos genuit sola sub rupe leæna,
  Aut sævi quæ vos expuit vnda maris?
Quæ rabida vobis admorunt vbera tigres?
  Quos animo scopulos, Verpe cruente, geris?

Immanes tenerum rursus laniatis Ephœbum,
  Et carpti fontes corporis ebibitis.
Tres ipsos soles moritur puer et flet et optat,
  Cum lacer haud possit viuere, posse mori.

« JE DEVAIS ME PROCURER DU SANG UTILE ! »

A Breslau, où, une centaine d'année auparavant, un des meurtres rituels les plus atroces de l'histoire fut commis, eut lieu, en 1888, une autre affaire qui montre clairement que les juifs cherchaient alors à se procurer du sang de chrétiens, quand même les circonstances particulières ne le leur permettait pas.

L'étudiant juif en théologie, Max Bernstein, âgé de 24 ans, attira dans sa demeure un enfant chrétien de 7 ans, du nom de Severin Hacke. Il pratiqua sur lui plusieurs incisions et recueillit le sang sur du papier-buvard. Quelques jours plus tard, le jeune enfant raconta à son père ce qui lui était arrivé ; celui ci dénonça l'affaire ; le procès était inévitable. L'accusé contesta toute accusation de crime contre les bonnes mœurs ou d'atteinte à l'intégrité corporelle. Malgré ces protestations, le tribunal, où officiaient deux juifs, condamna Bernstein pour lésions corporelles à une peine de prison de trois mois, assortie de cette justification selon laquelle le mobile du crime était sans intérêt.

Le rapport scientifique, concernant Bernstein, qui fut remis au tribunal, balançait entre deux conclusions : soit l'accusé était psychiquement dérangé, soit il ne l'était pas. Mais le cours du procès, ainsi que le comportement du juif, engageait à exclure la thèse du crime commis sous aliénation mentale. Plus important encore que ce rapport est l'aveu spontané de Bernstein, parfaitement clair, s'exprimant entre autres en ces termes : « *C'est parce que mon âme ne pouvait expier sa charge lourdement peccamineuse qu'au travers d'une âme sans tache que je fus contraint de me procurer le sang salutaire d'un être pur. Comme je savais que le jeune Hacke répondait à cette aspiration, je me résolus à recourir à son sang ».*

Nous savons, par bien d'autres cas, que l'usage de sang chrétien ne correspond pas à des moments d'aliénation psychique, mais bien à une coutume juive, et que Bernstein a agi fidèlement aux lois de ces ancêtres et de ses rabbins.

Abattue dans la synagogue

Selon un écrit du 1ᵉʳ avril 1882, dans une petite localité de Hongrie, Tisza-Eszlar, l'on se préparait à fêter Pâques, et personne n'avait encore à l'idée, en ces jours de réjouissance, que le village allait s'entacher d'une bien triste réputation ; personne ne pouvait s'imaginer que, de mémoire d'habitants, le paisible village allait devenir le point d'attraction de l'intérêt public du fait d'un des plus abominables meurtres rituels juifs.

Ainsi, dans la maison d'Andras Huri, l'on se préparait à célébrer la plus sublime des fêtes chrétiennes. La maîtresse du logis envoya sa filleule Esther, fille de la veuve Solymosi, auprès du marchand Kohlmayer, pour y chercher de la peinture pour le crépi de la maison. La durée de la course était d'une demi-heure et le chemin passait devant la synagogue. Au retour, plusieurs témoins dignes de foi la virent et lui parlèrent, jusqu'à ce qu'elle atteignit la synagogue, au-delà du barrage sur la Theiss (Tisza, en hongrois), où elle disparut alors sans laisser de traces. L'inquiétude fut grande au village ; l'on se mit à sa recherche, l'on fouilla tous les buissons, mais Esther fut et resta introuvable.

Un mois passa ; les soupçons s'orientèrent de plus en plus vers les juifs de Tisza-Eszlar, pas seulement du fait qu'on eût perdu toute trace de la jeune fille dans les environs de la synagogue, mais surtout parce que l'employé du temple, Jozsef Scharf, s'était rendu suspect par une déclaration de la plus haute importance face à la mère de la disparue. En effet, il avait dit à la mère éplorée qu'elle ne devait pas se lamenter, qu'Esther reviendrait ; que dans un autre village de Hongrie, Hajdu Namas, il y avait plusieurs années, une jeune fille avait aussi disparu ; que l'on avait accusé les juifs du meurtre ; mais que l'on avait retrouvé la jeune fille morte dans un bosquet. A se demander, et l'on se demandait à bon droit dans tout Tisza-Eszlar, ce que pouvait bien laisser entendre l'employé de la synagogue par cette espèce incongrue de « consolation ». Et pourtant les autorités, bien qu'au courant de l'affaire, n'ouvrirent pas d'enquête. Puis, un mois plus tard, l'affaire ressuscita : le petit Samuel, âgé de 5 ans, fils de l'employé du temple Scharf, raconta à ses camarades de jeu que des égorgeurs avaient tué Esther ; que son frère aîné, âgé de 14 ans, Moritz avait observé toute la scène au travers du trou de la serrure. Madame Solymosi porta donc plainte ; le tribunal ne put alors plus s'abstenir de traiter le cas. L'officier de justice Jozsef von Bary fut chargé de l'enquête et poursuivit la mystérieuse affaire, y déployant toute son énergie, jusqu'à ce que, chose des plus étranges, il perdit la vie au moment le plus décisif du procès, par un nébuleux suicide !

Maintenant, il est clair qu'un bambin de 5 ans ne put être considéré comme un témoin cardinal ; du reste, Moritz, de même que d'autres juifs appréhendés nièrent tout, bien que, par ailleurs, d'autres témoins dignes de foi rapportassent avoir entendu des pleurs et des cris émanant de la synagogue à l'heure critique. Menaces et tentatives de corruption furent censées dissuader le juge d'instruction de conclure son enquête en toute neutralité ; mais rien n'y fit. Le président du tribunal, von Kornia, ne céda pas non plus à ces pressions.

Au soir du 21 mai, Moritz décida volontairement de faire un aveu au juge d'instruction : ce fut par une crainte aisément compréhensible d'entrer en conflit avec son père qu'il s'était réfugié dans le déni. Dès lors, soustrait de la puissance paternelle, se sentant sûr, il put s'en tenir à la vérité. C'est donc de la manière suivante que se déroula le meurtre : Esther, qui avait été attirée dans la synagogue pour répondre à une demande de service, fut dévêtue jusqu'à sa chemise. Puis les égorgeurs, venus de l'extérieur, Abraham Buxbaum et Leopold Braun, de même qu'un vagabond juif, la plaquèrent au sol, puis l'égorgeur Salomon Schwarz, ressortissant du lieu, lui trancha le cou au moyen d'un long et large couteau. Le sang qui s'écoula de la béance laissée par l'épouvantable entaille fut recueilli dans une grande vasque et versé dans un grand pot. Peu après vinrent, de l'intérieur de la synagogue, quatre autres juifs, connus du témoin, qui rhabillèrent le cadavre. Quand Moritz, arrivé à la maison, raconta ce qu'il avait vu, il se vit sévèrement interdire par ses parents de parler de cette affaire. Et quand, plus tard, il retourna à la synagogue, il vit que les assassins avaient nettoyé les lieux de toutes traces de leur forfait après avoir fait disparaître le cadavre. Le juge d'instruction se dépêcha de procéder à l'arrestation de tous les participants dont aucun en particulier ne détenait un alibi. C'est par un travail des plus consciencieux que fut prouvée la justesse des allégations de Moritz, constatées comme irréfutables, alors que les accusés se réfugièrent dans le déni et tentèrent vainement de se tirer d'affaire par des dérobades et des mensonges avérés.

L'on peut dire que le moment était arrivé, où la juiverie du monde entier, comme dans toutes situations semblables, menait le combat pour ses coreligionnaires lourdement impliqués par un ressortissant de leur propre race : ils obtinrent les meilleurs avocats de Hongrie et les plus chers, auxquels fut remise aussitôt la bagatelle de 80'000 Gulden à titre provisionnel ! Et pourtant, ces avocats performants, dans leurs conversations privées, quoiqu'en toute indiscrétion, étaient convaincus de l'entière culpabilité des accusés. Les fausses nouvelles relatives à la redécouverte de la jeune disparue ne cessaient pas, alors que sa mère était accablée de menaces autant que de promesses. On chercha à déstabiliser le juge d'instruction en l'inondant de déclarations, puis de palinodies de tiers ; et, comme cette tactique restait infructueuse, on l'accusa d'avoir contraint le témoin Moritz à des aveux sous harcèlement. Mais tout cela se révéla faux. L'on fit passer en douce des messages dans les cellules des détenus en préventive, leur donnant ainsi des directives pour leur défense. L'on se procura par corruption un droit de regard anticipé dans les dossiers du procès.

Malheureusement von Bary ne disposait d'aucune forme de soutien de la part de ses supérieurs, autorités bien disposées à l'égard des juifs, mais plutôt des difficultés. Ces chicaneries allèrent si loin que von Bary sollicita une enquête disciplinaire contre soi-même, au cours de laquelle se manifesta naturellement en toute sa rectitude la façon d'agir du fonctionnaire fidèle à son devoir. Ce harcèlement s'orienta ensuite contre le ministre de la justice Pauler, fonctionnaire honnête, insensible à la corruption, envers qui s'exerçait la haine particulière des cercles judéo-maçonniques rassemblés autour du ministre-président libéral, ami des juifs, le comte Tisza.

Comme tout cela n'avait servi à rien, les juifs se rabattirent sur une manœuvre frauduleuse de disculpation aussi effrontée que raffinée : ils firent retirer de la Tisza « le cadavre de l'infortunée Esther Solymosi » sans aucune trace de blessures, mais surtout sans aucune entaillade au cou. Il est clair que le cadavre fut revêtu des habits de la disparue, même du foulard dans lequel Esther avait emballé la couleur pour le crépi. La presse juive dans le monde entier jubilait, pourtant trop tôt ; car une auscultation précise donna le résultat suivant : le cadavre était plus grand de bien 10 cm que celui d'Esther. Sa mère et une autre parente déclarèrent sans hésitation que le cadavre retiré des eaux n'était pas identique à celui d'Esther. Le cadavre était celui d'une jeune femme de

18 à 20 ans, alors qu'Esther n'avait que 14 ans. En outre, ce cadavre comportait des signes aisément reconnaissables de tuberculose pulmonaire, alors qu'Esther était saine à tous égards. Vinrent s'ajouter d'autres particularités essentielles qui toutes trahirent indubitablement le fait que ce cadavre n'avait rien à voir avec celui d'Esther. La tromperie fut complètement découverte suite à la déclaration de quelques juifs arrêtés parallèlement à l'enquête.

Jankel Szmilovics, qui avait reçu d'un autre juif le cadavre étranger, volé, l'avait revêtu des habits d'Esther qui lui avaient été transmis par une femme brune de peau supposée inconnue, puis l'avait jeté à terre dans les environs du village, après l'avoir véhiculé un certain temps sur un radeau au long de la Tisza, avoua son méfait.

Mais la juiverie ne trouvait toujours pas son calme ; elle fit prévaloir une exhumation du cadavre et obtint par corruption la déclaration d'un médecin de la faculté de Budapest, par laquelle il admettait la possibilité d'une identité entre le cadavre charrié par les eaux de la rivière et celui d'Esther. Là encore les juifs pavoisèrent en vain. En effet, le conseil sanitaire du pays, instance suprême, déclara sans conteste que le cadavre provenait d'une jeune femme d'au moins 20 ans et avait séjourné au plus deux semaines dans l'eau, alors qu'entre la disparition d'Esther et la découverte de ce cadavre deux mois et demi s'étaient écoulés.

Mais cette escroquerie au cadavre, au lieu de les aider, n'avait fait que démasquer la pleine culpabilité des assassins juifs : car d'où s'étaient-ils procuré, s'ils n'avaient pas tué la jeune fille, les vêtements dont ils avaient revêtu le cadavre et qui, comme constaté irréfutablement, étaient portés par la jeune fille disparue le jour de son assassinat ?!

Dure à cuire, la juiverie ne capitula toujours pas. Le juge d'instruction et son supérieur immédiat, von Szekely, avant le début du procès principal, se « suicidèrent » ; ce fut une avalanche de manifestations et de protestations, où les juifs furent soutenus évidemment avec ferveur par les francs-maçons !

Malgré ce désordre les juifs ne purent empêcher la tenue du procès, quand même celui-ci n'eut lieu que cinq trimestres après la commission du crime. La tribunal fut mis sous pression par une formidable débauche d'argent et d'articles de presse ; accusés et défenseurs rivalisaient d'insultes et de mises en doute de la qualité des témoins, en particulier, évidemment, de celle du principal témoin à charge Moritz Scharf qui, tout au long du procès, conservait inébranlablement calme et clarté dans ses déclarations, ne se laissant pas piéger par aucune question retorse des rusés défenseurs.

Le procès dont tous les dossiers étaient présents et accessibles, permettant toutes les vérifications, mit en évidence l'indubitable culpabilité des accusés. Mais le comportement de la cour était déterminé par la formidable influence juive — nous allons voir d'où elle vint —, ce qui aboutit à la conclusion grotesque d'une mise en doute de la crédibilité de Moritz Scharf, motivée censément par une prévention antijuive de sa part ; on ne lui fit d'ailleurs pas prêter serment ; ainsi donc, le tribunal acquitta les accusés !

L'explication de cet invraisemblable acquittement se laissa désirer pendant 16 ans, mais n'en fut alors que plus frappante et plus convaincante. A l'occasion du procès de Polna, pour meurtre rituel (4), le député au Parlement autrichien Ernst Schneider tint un discours, au cours du-

---

4. Dont nous parlerons plus loin

quel il fit, entre autres, les révélations suivantes qui firent sensation : « Le meurtre rituel de Tisza-Eszlar est clair sur toute la ligne. Si les coupables furent acquittés, je puis le dire aujourd'hui, puisqu'il n'est plus de ce monde, le principal responsable en est l'ancien ministre des affaires étrangères et ministre-président, le comte Andrassy. En effet, alors qu'on lui demandait s'il croyait à la commission d'un meurtre rituel, il répondit par l'affirmative ; pour lui, c'était une évidence ; c'était incontestable.

Pourquoi donc, alors, ne favorisa-t-il pas le triomphe de la juste cause ? Parce que, répondit Andrassy, le lendemain, le peuple aurait peut-être occis 20'000 juifs, et l'on n'aurait pas su où prendre l'argent pour les finances de l'Etat, si les contribuables juifs eussent été éliminés !...

Ainsi donc, un des plus hauts fonctionnaires austro-hongrois transgressa le droit en faveur des juifs, pour ne pas avoir cru pouvoir renoncer aux contributions fiscales juives !! Lorsque, des cercles des députés libéraux et juifs, fut émis le doute quant à la véracité de la déclaration de Schneider, surgit alors la question : *« A qui Andrassy a-t-il confié cela ? »* C'est alors que le Prince Liechtenstein, dans l'éréthisme avancé de l'Assemblée, s'exclama : *« C'est à moi qu'il l'a dit ! »*

Voilà donc comment, 16 ans après l'acquittement apparemment tout à fait incompréhensible des accusés de Tisza-Eszlar, le voile s'est envolé !

Le comportement du comte Andrassy s'explique par la contrainte qu'exerça sur lui le banquier viennois Albert Rothschild qui avait en main *« le pouvoir de réduire les titres hongrois (ainsi relevé, au mot près, dans le quotidien de Budapest* « Menzeti Ujsag ») *à un niveau qui dépendrait de la rigueur de la sentence, attendu que celle-ci devait se baser sur les analyses jurisprudencielles les plus favorables aux accusés »*. C'est par l'entremise de son homme de confiance à Budapest, Goldschmidt, que la maison Rothschild émit son exigence effrontée de laisser tomber l'accusation contre les assassins de Tisza-Eszlar et de prononcer, en première instance, un verdict d'acquittement !

Le gouvernement hongrois obéit et reçut généreusement de la maison Rothschild une remise d'intérêts de 2,5 millions de Gulden pour l'année !!

Le parthénocide de Polna

Dans cette affaire qui eut lieu au tournant du siècle (1899), la sensation ne fut pas moindre que celle qui régna lors du procès du crime rituel de Tisza-Eszlar : ce fut l'assassinat commis sur la personne d'Agnès Hruza, jeune femme de 19 ans, dans la petite ville bohémienne de Polna. Dans ce cas aussi le meurtre fut commis de manière caractéristique, peu avant Pâques. Là aussi, il s'agissait d'une jeune femme en bonne santé, et là encore la juiverie se démena comme diable pour préserver l'assassin d'un sort mérité.

Cette jeune femme, Agnès Hruza, réputée de bonnes mœurs, vivait dans le hameau de Klein-Veznik, près de Polna. Chaque jour elle quittait la maison de sa mère, devenue veuve, pour se rendre à Polna où elle travaillait chez une tailleuse, tout comme ce 29 mars 1899. Elle fut encore vue par des témoins sur le chemin du retour, dans son premier tronçon. Comme elle n'arrivait pas à la maison, de grandes battues furent organisées pour la retrouver, qui aboutirent, deux jours plus tard, soit un jour avant Pâques, à la découverte de son cadavre qui gisait, dénudé, dans un buisson, sous un jeune arbre, à quelques pas de l'orée de la forêt ; quelques jeunes branches coupées avaient été jetées sur le corps. Dans les environs, caché sous la mousse, on retrouva les vêtements de la jeune femme. L'on fut surpris de constater que, l'année auparavant, dans des circonstances tout à fait semblables, un meurtre, resté inexpliqué, sur la personne d'une jeune femme de 23 ans, Maria Klima, fille de paysan sans terre, fut commis.

L'enquête montra que le corps avait été totalement exsanguiné, mais que les traces de sang observées avec soin ne correspondaient pas approximativement à la quantité de sang à laquelle il fallait s'attendre. En outre, un meurtre à mobile sexuel était exclu, car l'enquête montra de manière irréfutable la totale virginité de la jeune femme.

Mais on savait qu'Agnès, avant son assassinat, s'était sentie poursuivie par le juif Hilsner, de fort mauvaise réputation. De nombreuses autres tentatives douteuses se répétèrent, qui conduisirent à l'arrestation du juif pour la relaxe duquel, évidemment, la juiverie mondiale se mobilisa aussitôt. Hilsner nia opiniâtrement, mais ses explications étaient autant d'échappatoires maladroites aisément contrées par les témoins. L'on constata, entre autres, avec certitude, que, le jour du meurtre, il rôdait dans la forêt où le crime avait été commis. Il s'avéra en outre qu'Hilsner devait avoir eu plusieurs juifs comme complices, dont un juif boiteux, à la laideur frappante, inconnu dans la région, mais qui avait été vu, alors qu'il cachait en toute hâte et discrétion un objet long d'environ 40 à 50 cm et de quelque 8 cm de largeur, puis disparut. L'on s'aperçut aussi que ce juif, que l'accusé contestait résolument connaître, avait passé la nuit chez Hilsner. Par la suite furent réunies des pièces à conviction à ce point accablantes contre Hilsner et ses complices, qu'en septembre déjà le procès principal put être agendé. Hilsner continua de nier être l'auteur du meurtre ; cependant ses alibis n'étaient que mensonges. De plus, tous les témoins à décharge qu'il avaient cités déposèrent contre lui.

Les taches de sang sur le pantalon gris qu'il portait, ce fut prouvé, le jour du meurtre, il voulait les mettre sur le compte d'un saignement de nez, ce qui l'avait déjà saisi autrefois sur un chantier. Mais cela aussi s'avéra un mensonge. Le pantalon était, en effet, encore mouillé lorsqu'il fut trouvé, si bien qu'il ne pouvait avoir été lavé que depuis peu. L'avocat privé, le Dr Baxa, mit énergiquement l'accent sur le fait que le juge d'instruction, le Dr Reichenbach, n'avait pas conduit la pré-enquête avec assez de soin et d'exactitude. Agnès, à la robuste constitution, n'aurait jamais pu être tuée par le seul Leopold Hilsner, homme chétif ; le très fortement soupçonné Berthold Fried avait réussi à se soustraire à temps à une comparution en tribunal. La possession, par Hilsner, du couteau sacrificateur fut aussi prouvée, cela, par la déclaration de son meilleur ami, Vesely. Une tante de l'accusé, qui s'était rendue manifestement coupable de parjure lors d'une tentative de fournir un alibi à Hilsner, fut appréhendée à la sortie du tribunal.

Le procès principal conduisit à une reconstitution exacte de l'exécution du crime de sang : il en résulta qu'Agnès avait été agressée par derrière, tandis qu'on lui passait une cordelette autour du cou, et précipitée à terre avec un bâton ou une pierre. Après quoi l'assassin, de la main gauche, inclina la tête de la victime sur le côté et, de la droite, lui porta la taille mortelle. Comme nous l'avons déjà dit, il n'y avait, sur les lieux du crime, que relativement peu de sang répandu ; ce qui amena les experts à conclure qu'en ces circonstances, il était très probable que la plus grande partie du sang avait été prélevée et emportée. En outre, pendant le procès, il y eut un incident au cours duquel Hilsner se trahit en personne : un témoin, du nom de Josef Stredad, déclara avoir rencontré l'accusé le jour du crime en conversation avec deux autres juifs. Au cours de son audition, le témoin se tourna vers Hilsner, lui adressant ces paroles : « *Vous savez donc que vous m'avez encore prié, au nom du ciel, de ne dire à personne qui étaient les deux juifs* ». A la question du président, Hilsner répondit alors en ces termes : « *Ceci, je l'ai fait* ». Le président du tribunal quittança cette déclaration avec les mots : « *Or donc, vous vous êtes trahi !* »

Lors des plaidoiries, le dernier jour, l'avocat privé, le Dr Baxa, souleva à bon droit la question suivante : « *pourquoi, dans quel but, l'assassinat avait-il été commis et le sang prélevé et emporté ?* » Le fait que les juifs, de toute évidence, ne tiennent pas à une élucidation, mais au contraire à une occultation absolue du cas, justifie pleinement le soupçon selon lequel le sang a été obtenu et utilisé par les juifs aux fins habituelles. Toutes les tentatives du défenseur juif, le Dr Aurednicek, visant à décharger Hilsner ou, du moins, à rejeter le soupçon de meurtre rituel, échouèrent. La pertinence des accusations et les preuves administrées étaient accablantes.

Ainsi les juges purent-ils se ranger à la requête du procureur exigeant la peine de mort et condamnèrent l'assassin à la mort par pendaison. C'est avec une profonde satisfaction que la population accueillit la sentence bien au-delà des lieux restreints du crime. Là encore la juiverie fit front jusqu'à ce qu'un procès en appel soit ouvert contre son congénère. Les porte-parole juifs avaient l'effronterie de reprocher aux fonctionnaires commis jusqu'alors au procès leur haine du juif, alors que, comme nous l'avons vu, l'enquête préalable avait été conduite dans une atmosphère plutôt judéophile que judéophobe. Mais malgré les tentatives d'influences juives, la Cour d'assises, à Pisek, devant laquelle le procès fut repris, en vint à prononcer la même sentence que le tribunal de Polna et condamna pour la deuxième fois Hilsner à la peine de mort. Pourtant, celui-ci échappa au bourreau : en 1918, les juifs réussirent à obtenir la grâce de l'auteur du meurtre rituel de Polna, dont la peine de mort avait été convertie en prison à perpétuité (5).

Ainsi il appert clairement que les juifs, non seulement pour conforter leur sentiment d'appartenance communautaire, mais aussi pour contrer leur moindre valeur caractérielle, célèbrent ce gredin et assassin devenu notoire comme un héros. Il fut choyé par la juiverie comme une *prima donna* ; d'importantes sommes d'argent furent drainées à son intention, si bien qu'il put, jusqu'en 1928, année de sa mort, vivre comme un seigneur, dans la félicité.

---

5. NDT : Grâce accordée, sous la menace, par le dernier empereur d'Autriche, Charles Ier. Consulter les *Mémoires* du Prince Windisch-Graetz.

Une fois de plus, un des meurtres rituels des plus abjects de notre époque est resté inexpié, de par l'inconditionnelle solidarité juive, peu importe si elle s'exprime en faveur d'un escroc ou d'un assassin !

ŒIL POUR ŒIL, DENT POUR DENT

Ces quelques exemples devraient suffire à démontrer la sous-humanité juive dans toute sa bestiale cruauté, dans sa haine implacable envers les ressortissants d'autres races et d'autres religions.

Mais les meurtres rituels ne sont qu'un chapitre dans le grand livre juif du crime. Il n'existe aucun domaine de la criminalistique dans laquelle le juif ne puisse revendiquer la triste gloire d'une suprême compétence, d'être le champion absolu de toutes les abominations, relativement à sa population, tout particulièrement en matière de crimes, qui exigent moins de courage que de ruses et d'absence de scrupules, que ce soit en escroquerie comme dans la traite des blanches, en fausses monnaies et dans le vaste domaine du pistonnage et de la tromperie tout simplement. Si nous devions disserter sur les aptitudes et performances criminelles du juif, que de pages il nous faudrait noircir !

Dans tous les pays du monde, les dossiers de police regorgent d'affaires de meurtres causés par des éléments asociaux ; mais la commission des meurtres rituels est restée le fait du juif, prédisposé par nature à l'expression de ses instincts bas et criminels. Meurtres pour s'adonner à leur frénésie sanguinaire, meurtres pour satisfaire leur haine inextinguible contre les Goyim, meurtres pour obéir aux lois de leur religion. Qu'est-ce donc pour un Dieu, celui qui exige de ses adeptes des victimes sacrificielles ? Mais la représentation de Dieu est toujours liée au caractère du peuple qui lui voue un culte : en cela, dans le domaine de la religion, il n'y a aucun pont entre le christianisme et le judaïsme !

Aujourd'hui, après leur ultime tentative d'inciter les peuples européens à se détruire mutuellement en un gigantesque massacre, les juifs ont joué leur rôle parmi nous. Mais le juif croit encore avoir en main un dernier atout, puisqu'il a réussi à dompter dans son intérêt le bolchévisme, de pure extraction juive, en association avec le capitalisme anglo-américain, qui ne l'est pas moins. Mais là encore, cet ultime atout finira par leur échapper et la guerre, par eux déchaînée, s'achèvera par l'élimination radicale de la juiverie. Le tribunal sera dur mais juste ! Les peuples aryens se sont éveillés et ne sont plus disposés à se laisser dépouiller et asservir, à voir leurs femmes être violées et à laisser expulser leurs enfants des maisons et des fermes. L'heure est proche, car la juiverie internationale a perdu définitivement la partie, en coupable.

C'est un chapitre sombre de l'histoire humaine, au cours duquel ont présidé une stupidité et un aveuglement incompréhensibles, qui prend fin, et des temps plus prometteurs, exempts de juifs, qui se profilent.

Table des matières

Préface 5
   Pourquoi les juifs commettent-ils
   le meurtre rituel ? 9

Tués par les juifs 25

Martyrisés à mort 35
   Martyre de Simon de Trente 35
   Le meurtre du père Thomas 41
   « *Je devais me procurer du sang utile !* » 47
   Abattue dans la synagogue 49
   Le parthénocide de Polna 58
   Œil pour œil, dent pour dent 64

www.ingramcontent.com/pod-product-compliance
Lightning Source LLC
LaVergne TN
LVHW041543060526
838200LV00037B/1112